Elisabeth Bangert

TORTENMUFFINS

EDITION XXL

Vorwort

Sahne- oder Cremetorten sind bei jeder Feier, ob Geburtstag oder nur einer Einladung zum Kaffee, selbstverständlicher Bestandteil der Kaffeetafel.

Wie gerne möchte man seinen Freunden, Bekannten oder den Verwandten nicht nur eine Torte anbieten. Aber wohin mit den übrig gebliebenen Sahnetorten? Einfrieren? Mal ganz ehrlich, das ist dann in der Regel doch meistens so, dass man irgendwann die Reste herausnehmen muss, weil sie sonst verderben. Aber so richtig Lust auf eine eingefrorene Sahnetorte hat man eigentlich nicht.

Nicht immer ist es die Schwiegermutter, der man beweisen möchte, welch tolle Sachen man zaubern kann. Mir ging es so, dass mein Vater zum Kaffee kommen wollte! Er mag Schokoladentorten in allen Variationen. Zum Bäcker gehen, zwei Stück hiervon, zwei Stück davon …, ganz schön teuer! Außerdem, so toll sieht der Kaffeetisch dann ja doch nicht aus.

Da Muffins bei uns überaus beliebt sind, war es für mich ganz klar. Einen Schokoladenteig mit Schokoflocken, dazu Birnen und Sahne, das mochte er doch am liebsten.

Sechs Schokomuffins, ein paar Birnen und eine Packung Schlagsahne, fertig! Ganz einfach ist es auch, eine 12er-Form zu nehmen und zwei verschiedene Muffinsorten auf einmal zu backen. Unterschiedlich dekoriert, hat man für 4 Personen Tortenvariationen.

Tortenmuffins eignen sich auch hervorragend für überraschenden Besuch! Und ganz frisch schmecken sie natürlich am besten.

Viel Spaß beim Backen und kreativen Gestalten wünscht Ihnen Ihre

Elisabeth Bangert.

Inhaltsverzeichnis

Ratgeber

Die Füllung

Auch bei den großen Torten sind in der Regel die Füllungen und Dekorationen die Hauptsache. Ob mit Sahne, Creme, Pudding oder einfach nur Früchten, je nach Lust und Jahreszeit ist alles erlaubt. Saftige Früchte wie zum Beispiel Kirschen sollte man, bevor sie auf den Kuchenböden verteilt werden, mit Stärkemehl binden.

Für 6 Muffins braucht man etwa ⅛ l Fruchtsaft oder einfach nur Wasser und 2 TL Kartoffelmehl. Von der kalten Flüssigkeit etwas in ein kleines Gefäß geben und das Kartoffelmehl darin verrühren. Die restliche Flüssigkeit zum Kochen bringen und das angerührte Kartoffelmehl hineingießen. Unter Rühren kurz aufkochen lassen, den Topf von der Kochstelle nehmen und die Früchte dazugeben. Wenn die Masse handwarm abgekühlt ist, kann man sie

auf den Kuchenböden gut verteilen. Bevor man mit Sahne verziert, sollte die Masse aber vollständig abgekühlt sein.

Wenn frische Früchte in den Teig eingearbeitet werden, empfiehlt es sich, sie vorher in Mehl zu wenden. Während des Backens sinken sie nicht nach unten, sondern bleiben gleichmäßig im Kuchen verteilt. Bei Früchten aus dem Glas ist besonders wichtig, dass man diese gut abtropfen lässt. Hier kann man gegebenenfalls mit Küchenkrepp nachhelfen. Wenn die Früchte zu nass sind, passiert es leicht, dass der Boden durchweicht.

Das Verzieren

Muffins sind viel einfacher zu verzieren als normale Torten.
Geschlagene Sahne oder Creme in einen Spritzbeutel mit einer Sterntülle geben und jeden einzelnen individuell gestalten.

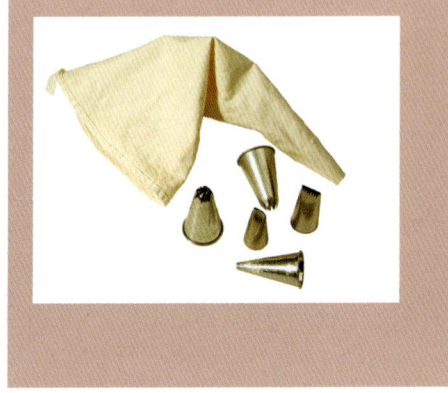

Wenn ein Sahnetupfen mal nicht so gelungen ist, kann man ihn problemlos wegnehmen und es nochmals versuchen. Ob Stern-, Flach- oder Lochtülle, jeder kann seine Lieblingstülle verwenden. Mit Schokoladenblättchen, Nüssen und Früchten lassen sich wahre Kunstwerke zaubern. Sahne oder Creme kann man auch problemlos mit einer Kuchenpalette unregelmäßig auf den Muffins verteilen. Der Kreativität

10

Ratgeber

sind keine Grenzen gesetzt. Der oft bescheidene Grundteig erhält mit der Füllung und der Verzierung erst seinen köstlichen Geschmack.

Die Verzierung kann jederzeit dem Anlass angepasst werden. Ob zum Kindergeburtstag mit lustigen Zuckerfiguren, für den Herrenabend mit Zartbitterkuvertüre, zum Muttertag mit kleinen Marzipanherzen, zu Weihnachten mit kleinen silbernen Zuckerperlen – die Möglichkeiten sind unbegrenzt.

Kuvertüre „versüßt" jeden Muffin geschmacklich und optisch. Sie besteht aus Kakao, Kakaobutter und Zucker. Kuvertüren sind geschmacklich besser als jede andere Schokoladenglasur. Bei der Zubereitung ist wichtig, dass man die Kuvertüre im Wasserbad schmelzen lässt. Das Wasser sollte aber nicht kochen, da Kuvertüre nicht zu heiß werden darf.

Besonders wichtig ist es, darauf zu achten, dass „kein Tropfen" Wasser in die Kuvertüre gelangt, da sie sonst sofort hart wird und sich nicht mehr schmelzen lässt. Die einzelnen Muffins werden einfach in die flüssige Kuvertüre getaucht oder mit einem Kuchenpinsel rundherum eingepinselt.

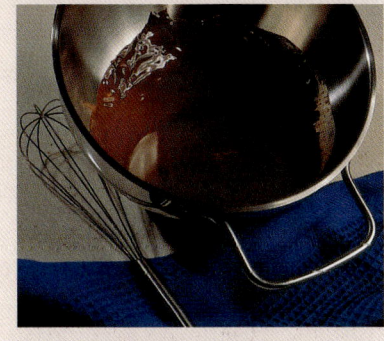

Vorrat

Noch nicht gefüllte oder verzierte Muffins eignen sich sehr gut zum Einfrieren. Zum Beispiel können Sie zwölf Schokoladenmuffins backen und nur einen Teil davon verzieren. Die übrigen sollten Sie dann möglichst frisch luftdicht verpacken und einfrieren. Bei Bedarf die gewünschte Menge herausnehmen und im auf 180° C vorgeheizten Backofen einige Minuten aufbacken. So kann auch ganz überraschend Besuch kommen.

Apfel-Zimt-*Törtchen*

Zutaten für 6 Muffins

Für den Teig:
**2 mittelgroße Äpfel
(ca. 200 g Fruchtfleisch)
150 g Mehl Type 405
30 g gehackte Walnüsse
1 ½ TL Backpulver
1 TL Zimt
1 Ei Größe M
60 g brauner Zucker
1 TL Bourbon-Vanillezucker
140 ml Milch
75 g zerlassene Butter**

Für die Füllung:
**200 ml süße Sahne
1 Päckchen Sahnesteif
½ Päckchen Vanillinzucker**

Für die Verzierung:
**1 roter Apfel
Saft von einer Zitrone**

Tipp:
Zum Backen am besten keine zu süßen Äpfel verwenden. Feste säuerliche Äpfel wie beispielsweise Boskop oder Braeburn eignen sich besonders gut.

Zubereitung:

1. Den Backofen auf 200° C vorheizen, Heißluft 175° C, Gas Stufe 2–3. Die Muffinform gut einfetten oder mit Papierförmchen auslegen.

2. Für die Verzierung den Apfel waschen, ungeschält vierteln und entkernen. Drei Viertel halbieren und je drei dünne Scheiben davon abschneiden, diese nochmals dritteln. Gleich in Zitronenwasser legen, damit sie nicht braun werden. Den Rest zusammen mit den beiden Äpfeln für den Teig schälen und in kleine Würfel schneiden.

3. Das Mehl zusammen mit dem Backpulver in eine Schüssel sieben, die gehackten Walnüsse und den Zimt darüber geben und beiseite stellen.

4. Das Ei mit dem Zucker und dem Vanillezucker schaumig schlagen, die Milch und die zerlassene Butter dazugeben und gut unterrühren. Die Mehlmischung hinzufügen und das Ganze zügig zu einem glatten Teig verarbeiten. Zum Schluss die Apfelwürfel unterheben.

5. Den Teig in die Vertiefungen der Muffinform füllen, in den Backofen schieben und ca. 30 Minuten backen. Nach Ablauf der Backzeit herausnehmen, 5 Minuten in der Form ruhen lassen, danach die Muffins aus der Form lösen und auf einem Kuchengitter gut auskühlen lassen.

6. Die Sahne mit Sahnesteif und Vanillinzucker steif schlagen und in einen Spritzbeutel füllen. Die ausgekühlten Muffins quer durchschneiden. Auf die Böden etwas Sahne spritzen. Die Deckel darauf setzen, mit einem großen Sahnetupfen versehen und fächerartig mit den Apfelscheibchen verzieren.

Birnen-Nutella-*Törtchen*

Zutaten für 6 Muffins

Für den Teig:
130 g Mehl Type 405
2 Eier Größe M
125 g Zucker
125 g Butter
100 g Nutella

Für die Füllung:
1 große Birne (ca. 300 g)
100 ml süße Sahne
1 Päckchen Bourbon-
Vanillezucker

Für die Verzierung:
1 Birne
ca. 20 g Marzipanrohmasse
1 TL Zucker
Puderzucker zum Ausrollen

Tipp:
Wer es gerne bunt mag,
kann der Marzipan-
rohmasse mit wenigen
Tropfen Lebensmittelfarbe
die gewünschte Farb-
gebung verleihen.
Gerade Kinder finden das
besonders interessant.

14

Zubereitung:

1. Den Backofen auf 180° C vorheizen, Heißluft 160° C, Gas Stufe 2. Die Muffinform gut einfetten oder mit Papierförmchen auslegen.

2. Für die Verzierung die Birne waschen, ungeschält vierteln und entkernen. Von den Birnenvierteln insgesamt 12 dünne Scheiben abschneiden und beiseite stellen. Den Rest zusammen mit der Birne für die Füllung schälen und in Würfel schneiden.

3. Die Eier mit dem Zucker sehr schaumig schlagen, die weiche Butter, das Nutella und das Mehl hinzufügen und alles zügig zu einem glatten Teig rühren.

4. Den Teig in die Vertiefungen der Muffinform füllen, in den Backofen schieben und ca. 20–25 Minuten backen. Nach Ablauf der Backzeit herausnehmen, 5 Minuten in der Form ruhen lassen, danach die Muffins aus der Form lösen und auf einem Kuchengitter gut auskühlen lassen.

5. In der Zwischenzeit die Marzipanrohmasse mit dem Zucker geschmeidig kneten und auf einem mit Puderzucker bestreuten Backbrett dünn ausrollen. Mit einem Plätzchenausstecher 6 Formen für die Dekoration ausstechen.

6. Die Sahne mit dem Vanillezucker steif schlagen und in einen Spritzbeutel füllen. Die ausgekühlten Muffins einmal quer durchschneiden und auf die Böden etwas Sahne spritzen. Die gewürfelten Birnenstücke darauf verteilen und die Deckel aufsetzen. Jeden Muffin mit einem Sahnetupfen, Birnenscheibchen sowie einer Marzipanform verzieren.

Erdbeer*törtchen*

Zutaten für 6 Muffins

Für den Teig:
90 g frische Erdbeeren
80 g Mehl Type 405
50 g gemahlene Mandeln
½ Päckchen Backpulver
1 Ei Größe M
60 g Zucker
½ Päckchen Vanillinzucker
55 g Butter

Für die Verzierung:
100 g Puderzucker
3–4 EL Wasser oder klarer
Obstbrand
3 ganze Erdbeeren
1–2 EL gehackte Pistazien

Tipp:
Das Wenden von Früchten oder Fruchtstücken in Mehl – oder wie hier in gemahlenen Mandeln – verhindert, dass die Früchte beim Backen auf den Boden absinken.

Zubereitung:

1. Den Backofen auf 180° C vorheizen, Heißluft 160° C, Gas Stufe 2. Die Muffinform gut einfetten. Auf die Verwendung von Papierförmchen eher verzichten, diese können durch die Fruchtstücke sehr aufweichen.

2. Die Erdbeeren waschen, putzen und in kleine Stücke schneiden. Die gemahlenen Mandeln in eine Schüssel geben und die Erdbeerstücke darin wälzen. Das Mehl zusammen mit dem Backpulver in eine Schüssel sieben und beiseite stellen.

3. Das Ei mit dem Zucker und dem Vanillinzucker schaumig schlagen, die Butter flöckchenweise dazugeben und gut unterrühren. Die Mehlmischung hinzufügen und alles zügig zu einem glatten Teig verarbeiten. Zum Schluss die Mandel-Erdbeeren mit einem Löffel unterheben.

4. Den Teig in die Vertiefungen der Muffinform füllen, in den Backofen schieben und ca. 25 Minuten backen. Nach Ablauf der Backzeit herausnehmen, 5 Minuten in der Form ruhen lassen, danach die Muffins aus der Form lösen und auf einem Kuchengitter gut auskühlen lassen.

5. In der Zwischenzeit die drei Erdbeeren waschen, halbieren und den Puderzucker in eine Schüssel sieben. Mit der angegebenen Menge Flüssigkeit zu einem sämigen Guss anrühren. Die Muffins großzügig damit bestreichen. Auf jeden Muffin eine halbe Erdbeere setzen und rundherum mit gehackten Pistazien bestreuen.

Bananen*törtchen*

Zutaten für 6 Muffins

Für den Teig:
140 g Mehl Type 405
½ Päckchen Backpulver
1 Msp. Natron
1 Ei Größe M
60 g Zucker
100 g Naturjogurt
50 g weiche Butter
1 Schuss Milch

Für die Füllung:
1 Banane
200 ml süße Sahne
1 Päckchen Sahnesteif
½ Päckchen Vanillinzucker
1 TL Zucker

Für die Verzierung:
1 Banane
Schokoladenstreusel

Tipp:
Immer wenn Sie Natron zum Backen verwenden, sollten Sie auch ein „saures" Milchprodukt wie z. B. Buttermilch, Jogurt oder Quark dazunehmen. Diese benötigt das Natron, um seine Eigenschaften als Treibmittel voll entwickeln zu können.

Zubereitung:

1. Den Backofen auf 180° C vorheizen, Heißluft 160° C, Gas Stufe 2. Die Muffinform gut einfetten oder mit Papierförmchen auslegen.

2. Das Mehl zusammen mit dem Backpulver und dem Natron in eine Schüssel sieben und beiseite stellen.

3. Das Ei mit dem Zucker schaumig schlagen, den Jogurt und die Butter hinzufügen und gut unterrühren. Die Mehlmischung hinzufügen und das Ganze zügig zu einem glatten Teig verarbeiten. Sollte dieser zu fest sein, einen Schuss Milch dazugeben.

4. Den Teig in die Vertiefungen der Muffinform füllen, in den Backofen schieben und ca. 25–30 Minuten backen. Nach Ablauf der Backzeit herausnehmen, 5 Minuten in der Form ruhen lassen, danach die Muffins aus der Form lösen und auf einem Kuchengitter gut auskühlen lassen.

5. Die Sahne mit Sahnesteif, Zucker und Vanillinzucker steif schlagen und in einen Spritzbeutel füllen. Die Banane schälen und würfeln.

6. Die ausgekühlten Muffins einmal quer durchschneiden, die Böden mit etwas Sahne bestreichen und mit Bananenstückchen belegen. Die Deckel darauf setzen und komplett mit kleinen Sahnetupfen bespritzen. Die Banane schälen und in 12 Scheiben schneiden. Jeden Muffin mit zwei Bananenscheiben und Schokostreuseln verzieren.

Kokos*törtchen*

Zutaten für 6 Muffins

Für den Teig:
130 g Mehl Type 405
½ Päckchen Backpulver
1 Msp. Natron
1 EL Kakao
1 Ei Größe M
70 g Zucker
50 g Butter
125 ml Milch
50 g Kokosraspel
30 g Schokoladenraspel

Für die Füllung:
200 ml süße Sahne
1 Päckchen Sahnesteif
½ Päckchen Vanillinzucker

Für die Verzierung:
frische Kokosnussstücke

Tipp:
Sie können die Kokosnussstücke bereits abgepackt kaufen oder diese aus einer ganzen Kokosnuss selbst herauslösen. Bei dieser Methode können Sie auch einen Teil der Milch durch das Kokoswasser ersetzen.

Zubereitung:

1. Den Backofen auf 200° C vorheizen, Heißluft 175° C, Gas Stufe 2–3. Die Muffinform gut einfetten oder mit Papierförmchen auslegen.

2. Das Mehl zusammen mit dem Backpulver sowie dem Natron in eine Schüssel sieben, den Kakao darüber sieben und beiseite stellen.

3. Das Ei mit dem Zucker schaumig schlagen, die weiche Butter dazugeben und gut unterrühren. Die Mehlmischung hinzufügen und alles zusammen mit der Milch zügig zu einem glatten Teig verarbeiten. Zum Schluss die Kokos- und Schokoladenraspel mit einem Rührlöffel unterheben.

4. Den Teig in die Vertiefungen der Muffinform füllen, in den Backofen schieben und ca. 25–30 Minuten backen. Nach Ablauf der Backzeit herausnehmen, 5 Minuten in der Form ruhen lassen, danach die Muffins aus der Form lösen und auf einem Kuchengitter gut auskühlen lassen.

5. Die Sahne mit Sahnesteif und Vanillinzucker steif schlagen und in einen Spritzbeutel füllen.

6. Die ausgekühlten Muffins einmal quer durchschneiden und auf die Böden etwas Sahne spritzen. Die Deckel darauf setzen, mit einem großen Sahnetupfen versehen und mit den Kokosstücken verzieren.

Zitronen*törtchen*

Zutaten für 6 Muffins

Für den Teig:
120 g Mehl Type 405
2 TL Backpulver
1 Msp. Natron
1 Ei Größe M
70 g Zucker
1 Prise Salz
50 ml Pflanzenöl
2 cl Zitronensaft
50 ml Orangensaft

Für die Füllung:
½ Päckchen Vanillepudding
1 ½ EL Crème fraîche
50 ml süße Sahne
1 Päckchen Sahnesteif
1 Päckchen Vanillinzucker
2 Blatt Gelatine

Für die Verzierung:
100 g Puderzucker
3–4 EL Zitronensaft
1–2 EL gehackte Pistazien

Tipp:
Ein pflanzliche Alternative zu Gelatine ist Agar-Agar. Dieses wird aus Meeresalgen hergestellt und ist wohl das älteste pflanzliche Geliermittel. Viele Supermärkte führen dieses Produkt, ansonsten ist es im Reformhaus erhältlich.

Zubereitung:

1. Den Backofen auf 180° C vorheizen, Heißluft 160° C, Gas Stufe 2. Die Muffinform gut einfetten oder mit Papierförmchen auslegen. Den Vanillepudding nach Packungsanweisung zubereiten und erkalten lassen.

2. Das Ei mit dem Zucker schaumig schlagen. Das Mehl zusammen mit Backpulver und Natron in eine Schüssel sieben. Die Mehlmischung und die Prise Salz zur Eimasse geben und mit Zitronen- und Orangensaft sowie dem Öl zügig zu einem glatten Teig verarbeiten.

3. Den Teig in die Vertiefungen der Muffinform füllen, in den Backofen schieben und ca. 25 Minuten backen. Nach Ablauf der Backzeit herausnehmen, 5 Minuten in der Form ruhen lassen, danach die Muffins aus der Form lösen und auf einem Kuchengitter gut auskühlen lassen.

4. Die Sahne mit Sahnesteif steif schlagen. Den Vanillepudding mit Crème fraîche und Vanillinzucker verrühren, dann die steif geschlagene Sahne unterheben. Die Gelatine nach Packungsanweisung auflösen, unter die Masse ziehen und das Ganze fest werden lassen.

5. Die abgekühlten Muffins einmal quer durchschneiden. Die Böden mit Vanillecreme bestreichen (2 bis 3 Esslöffel für die Verzierung aufbewahren) und die Deckel darauf setzen.

6. Den Puderzucker in eine Schüssel sieben und mit Zitronensaft zu einem Guss rühren, über die Muffins geben und antrocknen lassen. Mit kleinen Tupfen aus Vanillecreme und gehackten Pistazien verzieren.

Schwarzwälder Kirsch-*Muffins*

Zutaten für 12 Muffins

Für den Teig:
260 g Mehl Type 405
1 Päckchen Backpulver
½ TL Natron
3 EL Kakao
1 Ei Größe M
130 g Zucker
100 g weiche Butter
¼ l Milch

Für die Füllung:
400 ml süße Sahne
2 Päckchen Sahnesteif
2 TL Zucker
1 Glas entsteinte
Sauerkirschen
2 TL Kartoffelmehl
⅛ l Kirschsaft (evtl. mit
Wasser auffüllen)

Tipp:
Wer es hochprozentig
mag, kann in den Teig,
aber auch in die Sahne
ein paar Spritzer
Kirschwasser geben.

Zubereitung:

1. Den Backofen auf 190° C vorheizen, Heißluft 175° C, Gas Stufe 2. Die Muffinform gut einfetten oder mit Papierförmchen auslegen.

2. Das Mehl zusammen mit dem Backpulver, Kakao und Natron in eine Schüssel sieben und beiseite stellen.

3. Das Ei mit dem Zucker und der Butter schaumig schlagen, die Milch dazugeben und unterrühren. Die Mehlmischung hinzufügen und alles zügig zu einem glatten Teig verarbeiten.

4. Den Teig in die Vertiefungen der Muffinform füllen, in den Backofen schieben und ca. 20 Minuten backen. Nach Ablauf der Backzeit herausnehmen, 5 Minuten in der Form ruhen lassen, danach die Muffins aus der Form lösen und auf einem Kuchengitter gut auskühlen lassen.

5. Die Sauerkirschen in ein Sieb geben, dabei den Saft auffangen. Das Kartoffelmehl mit etwas Kirschsaft auflösen, den restlichen Kirschsaft in einem Topf zum Kochen bringen und unter Rühren mit dem Kartoffelmehl binden. Den Topf vom Herd nehmen und die Kirschen unterheben. Wenn die Masse etwas abgekühlt ist, 12 schöne Kirschen für die Verzierung beiseite legen.

6. Die ausgekühlten Muffins quer durchschneiden und die Böden mit Kirschen belegen. Die Sahne mit Sahnesteif und Zucker steif schlagen und mit einem Spritzbeutel über den Kirschen verteilen. Einen Teil für die Verzierung aufbewahren. Die Deckel auf die Sahne setzen und jeden Muffin mit einem großen Sahnetupfen und einer Kirsche verzieren.

Maulwurf*hügelchen*

Zutaten für 6 Muffins

Für den Teig:
90 g Mehl Type 405
1 TL Backpulver
2 TL Kakao
1 Ei Größe L
60 g Zucker
1 TL Vanillinzucker
75 g Butter
2 EL Milch
25 g Zartbitter-
Schokoladenraspel

Für die Füllung:
125 g Mirabellen
50 g Schmand
1 EL Zucker
1 TL Vanillinzucker

Außerdem:
1–2 EL Apfelgelee

Tipp:
Wenn es mal ganz schnell gehen soll, kann man auch auf die Verwendung von Obst verzichten und nur mit Schmandmasse oder Sahne füllen.

Zubereitung:

1. Den Backofen auf 180° C vorheizen, Heißluft 160° C, Gas Stufe 2. Die Muffinform gut einfetten oder mit Papierförmchen auslegen.

2. Das Mehl zusammen mit dem Backpulver und dem Kakao in eine Schüssel sieben und beiseite stellen.

3. Das Ei mit dem Zucker und dem Vanillinzucker schaumig schlagen, die weiche Butter dazugeben und gut unterrühren. Die Mehlmischung und die Milch hinzufügen und das Ganze zügig zu einem glatten Teig verarbeiten. Zum Schluss die Schokoladenraspel unterheben.

4. Den Teig in die Vertiefungen der Muffinform füllen, in den Backofen schieben und ca. 25 Minuten backen. Nach Ablauf der Backzeit herausnehmen, 5 Minuten in der Form ruhen lassen, danach die Muffins aus der Form lösen und auf einem Kuchengitter auskühlen lassen.

5. In der Zwischenzeit die Mirabellen entsteinen und in kleine Stücke schneiden. Den Schmand mit Zucker und Vanillinzucker verrühren und die Mirabellenstücke unterheben.

6. Von den Muffins den Deckel abschneiden und diesen sowie die Böden aushöhlen, so dass ein Rand von ca. 1 cm erhalten bleibt. Die Brösel in eine Schüssel geben.

7. Die Hälfte der Brösel in die Schmandmasse rühren und die Muffins damit befüllen. Die Deckel darauf setzen. Das Apfelgelee bei mäßiger Hitze in einem Topf schmelzen, die Deckel damit bestreichen und die restlichen Kuchenbrösel darüber verteilen.

Mango-Sahne-*Törtchen*

Zutaten für 12 Muffins

Für den Teig:
100 g Dinkelmehl Type 630
2 Mangos (ca. 400 g
Fruchtfleisch)
80 g Blütenzarte
Haferflocken
1 Päckchen Backpulver
1 Päckchen Vanillezucker
4 Eier Größe M
1 Prise Salz
2 EL Ahornsirup
1 Päckchen Orangeback
100 ml süße Sahne

Für die Füllung:
200 ml süße Sahne
1 Päckchen Sahnesteif

Für die Verzierung:
Schokoladenröllchen

Tipp:
Wenn Sie keine frischen Mangos bekommen, können Sie jederzeit auch auf Konservenfrüchte zurückgreifen. Geschmacklich unterscheiden sich diese von frischen Früchten nur ganz minimal.

Zubereitung:

1. Den Backofen auf 190° C vorheizen, Heißluft 175° C, Gas Stufe 2. Die Muffinform gut einfetten oder mit Papierförmchen auslegen.

2. Das Mehl zusammen mit dem Backpulver in eine Schüssel sieben, die Haferflocken dazugeben und beiseite stellen. Die Mangos halbieren, den Stein entfernen, die Mangos schälen und das Fruchtfleisch in kleine Stücke schneiden.

3. Die Eier trennen und die Eiweiße mit einer Prise Salz zu steifem Schnee schlagen. Die Eigelbe mit dem Ahornsirup schaumig schlagen, die Sahne, das Orangeback und den Vanillezucker dazugeben und gut unterrühren. Den Eischnee vorsichtig mit einem Rührlöffel unterheben.

4. Die Mehlmischung hinzufügen, das Ganze zügig zu einem glatten Teig verarbeiten und die Hälfte der Mangostücke unterheben.

5. Den Teig in die Vertiefungen der Muffinform füllen, in den Backofen schieben und ca. 20 Minuten backen. Nach Ablauf der Backzeit herausnehmen, 5 Minuten in der Form ruhen lassen, danach die Muffins aus der Form lösen und auf einem Kuchengitter auskühlen lassen.

6. Die Sahne mit Sahnesteif steif schlagen und in einen Spritzbeutel füllen.

7. Die Muffins einmal quer durchschneiden. Die Böden mit Sahne und Mangostückchen füllen. Die Deckel darauf setzen und mit einem Sahnering und den restlichen Mangostücken verzieren. Mit Schokoladenröllchen bestreuen.

Himbeer-Sahne-**Muffins**

Zutaten für 6 Muffins

Für den Teig:
130 g Mehl Type 405
½ Päckchen Backpulver
1 Msp. Natron
1 Ei Größe M
60 g Zucker
150 g Jogurt
1 EL Crème fraîche

Für die Füllung:
150 g frische Himbeeren

Für die Verzierung:
200 ml süße Sahne
1 Päckchen Sahnesteif
100 g frische Himbeeren
(6 davon beiseite legen)

Tipp:
Wenn Himbeeren keine Saison haben, kann man natürlich auch tiefgekühlte nehmen. Beim Verzieren verzichtet man jedoch besser auf die Frucht, weil diese schnell matschig aussieht.

Zubereitung:

1. Den Backofen auf 180° C vorheizen, Heißluft 160° C, Gas Stufe 2. Die Muffinform gut einfetten. Auf die Verwendung von Papierförmchen eher verzichten, diese können durch die Früchte sehr aufweichen.

2. Das Ei mit dem Zucker schaumig schlagen. Das Mehl zusammen mit Backpulver und Natron in eine Schüssel sieben. Die Mehlmischung zur Eimasse geben und mit Jogurt und Crème fraîche zügig zu einem glatten Teig verarbeiten. Die Himbeeren in wenig Mehl wenden und vorsichtig unterheben.

3. Den Teig in die Vertiefungen der Muffinform füllen, in den Backofen schieben und ca. 25 Minuten backen. Nach Ablauf der Backzeit herausnehmen, 5 Minuten in der Form ruhen lassen, danach die Muffins aus der Form lösen und auf einem Kuchengitter gut auskühlen lassen.

4. Zwischenzeitlich die Sahne mit Sahnesteif steif schlagen. Die Himbeeren in einen Topf geben und zu Mus kochen. Das Himbeermus durch ein Haarsieb streichen und erkalten lassen. Danach zur steif geschlagenen Sahne geben und unterheben, so dass sich diese rosa färbt.

5. Die abgekühlten Muffins mit mehreren Sahnetupfen verzieren und jeweils eine besonders schöne Himbeere in die Mitte setzen.

Apfelmus**muffins**

Zutaten für 6 Muffins

Für den Teig:
160 g Mehl Type 405
35 g gemahlene Haselnüsse
1 ½ TL Backpulver
1 Msp. Natron
1 Ei Größe M
60 g Zucker
1 TL Bourbon-Vanillezucker
150 ml Milch
75 g zerlassene Butter

Für die Füllung:
200 g Apfelmus
½ Päckchen gemahlene Gelatine

Für die Verzierung:
6 Belegkirschen
Puderzucker

Tipp:
Diese Muffins lassen sich natürlich durch die Verwendung von verschiedenem Fruchtmus immer wieder neu variieren.

Zubereitung:

1. Den Backofen auf 180° C vorheizen, Heißluft 160° C, Gas Stufe 2. Die Muffinform gut einfetten oder mit Papierförmchen auslegen.

2. Das Mehl zusammen mit Backpulver und Natron in eine Schüssel sieben, die gemahlenen Haselnüsse darüber geben und beiseite stellen.

3. Das Ei mit dem Zucker und dem Vanillezucker schaumig schlagen, die Milch und die zerlassene Butter dazugeben und gut unterrühren. Die Mehlmischung hinzufügen und alles zügig zu einem glatten Teig verarbeiten.

4. Den Teig in die Vertiefungen der Muffinform füllen, in den Backofen schieben und ca. 25 Minuten backen. Nach Ablauf der Backzeit herausnehmen, 5 Minuten in der Form ruhen lassen, danach die Muffins aus der Form lösen und auf einem Kuchengitter gut auskühlen lassen.

5. Zwischenzeitlich die Gelatine nach Packungsanweisung auflösen und mit dem Apfelmus vermischen. Wenn die Masse fest geworden ist, sie in einen Spritzbeutel füllen.

6. Die ausgekühlten Muffins einmal quer durchschneiden und die Böden mit dem Apfelmus bespritzen, einen Rest davon aufbewahren. Die Deckel darauf setzen und mit einem Apfelmus-Tupfen versehen. Puderzucker darüber stäuben und mit einer Belegkirsche verzieren.

Himbeer*minis*

Zutaten für 24 Mini-Muffins

Für den Teig:
200 g Mehl Type 405
80 g gehackte Mandeln
2 TL Backpulver
2 Eier Größe M
1 EL Honig
40 g Zucker
1 TL Orangeback
3 EL Orangensaft
140 ml Buttermilch
60 g weiche Butter

Für die Verzierung:
200 ml süße Sahne
1 Päckchen Sahnesteif
½ Päckchen Vanillinzucker
24 schöne Himbeeren

Tipp:
Frische Himbeeren sollten grundsätzlich am gleichen Tag verarbeitet werden, an dem man sie gekauft hat. Diese Beeren gehören nämlich zu den besonders schnell verderblichen Früchten.

Zubereitung:

1. Den Backofen auf 180° C vorheizen, Heißluft 160° C, Gas Stufe 2. Die Mini-Muffinform gut einfetten oder mit Papierförmchen auslegen.

2. Das Mehl zusammen mit dem Backpulver in eine Schüssel sieben, die gehackten Mandeln darüber geben und beiseite stellen.

3. Die Eier mit dem Honig und dem Zucker schaumig schlagen, die Buttermilch, die Butter, den Orangensaft und das Orangeback dazugeben und gut unterrühren. Die Mehlmischung hinzufügen und alles zügig zu einem glatten Teig verarbeiten.

4. Den Teig in die Vertiefungen der Muffinform füllen, in den Backofen schieben und ca. 25–30 Minuten backen. Nach Ablauf der Backzeit herausnehmen, 5 Minuten in der Form ruhen lassen, danach die Muffins aus der Form lösen und auf einem Kuchengitter gut auskühlen lassen.

5. Die Sahne mit Sahnesteif und Vanillinzucker steif schlagen und in einen Spritzbeutel füllen. Die Himbeeren verlesen und die schönsten heraussuchen.

6. Die ausgekühlten Muffins mit einem Sahnekringel versehen und je eine Himbeere in die Mitte setzen.

Windbeutel**törtchen**

Zutaten für 12 Muffins

Für den Brandteig:
150 g Mehl Type 405
¼ l Wasser
65 g Butter
1 Päckchen Vanillinzucker
1 Prise Salz
4 Eier Größe M

Für die Füllung:
150 g Himbeeren
200 ml Buttermilch
150 g Quark (40 %)
1 EL Zitronensaft
50 g Zucker
1 Päckchen Bourbon-
Vanillezucker
1 Päckchen gemahlene
Gelatine

Für die Verzierung:
Puderzucker

*Achtung:
Brandteig ist ein durchaus
empfindliches Gebäck,
deshalb in den ersten
15 Minuten die Back-
ofentür nicht öffnen!*

Zubereitung:

1. Den Backofen auf 200° C vorheizen, Heißluft 180° C, Gas Stufe 2–3. Die Muffinform gut einfetten. Hier können keine Papierförmchen verwendet werden.

2. Das Wasser zusammen mit der Butter, dem Salz und dem Vanillinzucker in einem Topf zum Kochen bringen. Das Mehl in eine Schüssel sieben und es, sobald das Wasser kocht, auf einmal hineinschütten. Mit einem Rührlöffel kräftig rühren, bis sich ein Teigkloß bildet und der Topfboden mit einer weißen Schicht überzogen ist (abbrennen).

3. Den Topf vom Herd ziehen, kurz abkühlen lassen, ein Ei zum Teig geben und vollständig unterrühren. Dann ein Ei nach dem anderen in den Teig einarbeiten, diesen in einen Spritzbeutel füllen und in jede Vertiefung der Muffinform ein Häubchen spritzen. Beachten Sie, dass sich der Teig beim Backen ungefähr um ⅔ vergrößert. In den Backofen schieben und ca. 25–30 Minuten backen.

4. Nach Ablauf der Backzeit herausnehmen, 5 Minuten in der Form ruhen lassen, danach aus der Form lösen und auf einem Kuchengitter gut auskühlen lassen.

5. Die Buttermilch mit Quark, Zitronensaft, Zucker und Vanillezucker verrühren. Die Gelatine nach Packungsanweisung zubereiten, zur Buttermilchmasse geben und gut unterrühren. Wenn diese zu gelieren beginnt, die Himbeeren vorsichtig unterheben.

6. Die Windbeutel quer durchschneiden, mit der Buttermilchmasse füllen, die Deckel darauf setzen und mit Puderzucker bestäuben.

Nugat**muffins**

Zutaten für 6 Muffins

Für den Teig:
140 g Mehl Type 405
60 g Kokosraspel
1 TL Backpulver
¼ TL Natron
1 Ei Größe M
80 g Zucker
80 g Nugat
125 ml Buttermilch
80 g zerlassene Butter

Für die Verzierung:
100 ml süße Sahne
½ Päckchen Sahnesteif
200 g Vollmilch-Kuvertüre
Kokosraspel
60 g edelbittere
Schokoladentäfelchen

Tipp:
Wer übrig gebliebene Schokoladenfiguren hat, wie z. B. Osterhasen oder Nikoläuse, kann diese grob zerbrechen und zum Verzieren verwenden. Die unregelmäßigen Formen sehen ebenfalls sehr dekorativ aus.

Zubereitung:

1. Den Backofen auf 190° C vorheizen, Heißluft 175° C, Gas Stufe 2. Die Muffinform gut einfetten oder mit Papierförmchen auslegen.

2. Das Mehl zusammen mit dem Backpulver und dem Natron in eine Schüssel sieben, die Kokosraspel darüber geben und beiseite stellen. Das Nugat im warmen Wasserbad schmelzen.

3. Das Ei mit dem Zucker schaumig schlagen, die Buttermilch und die Butter dazugeben. Unter Rühren das flüssige Nugat in einem dünnen Strahl in die Masse fließen lassen. Die Mehlmischung hinzufügen und das Ganze zügig zu einem glatten Teig verarbeiten.

4. Den Teig in die Vertiefungen der Muffinform füllen, in den Backofen schieben und ca. 25–30 Minuten backen. Nach Ablauf der Backzeit herausnehmen, 5 Minuten in der Form ruhen lassen, danach die Muffins aus der Form lösen und auf einem Kuchengitter gut auskühlen lassen.

5. Die Sahne mit Sahnesteif steif schlagen und in einen Spritzbeutel füllen. Die Kuvertüre im warmen Wasserbad schmelzen.

6. Die ausgekühlten Muffins rundherum mit der Schokoladenkuvertüre bestreichen und mit Kokosraspeln bestreuen. Sobald die Kuvertüre fest geworden ist, jeden Muffin mit einem Sahnehäubchen bespritzen und mit den Schokoladentäfelchen verzieren.

Mandel-Rum-Törtchen

Zutaten für 6 Muffins

Für den Teig:
65 g Mehl Type 405
65 g Speisestärke
2 TL Backpulver
50 g Mandelblättchen
100 g Butter
100 g Rohrzucker
1 Päckchen Bourbon-
Vanillezucker
2 Eier Größe M
50 ml Rum

Für die Verzierung:
200 ml süße Sahne
1 Päckchen Sahnesteif
1 TL Kakao
10 g geröstete
Mandelblättchen

Tipp:
Zum Bestäuben eignet
sich nicht nur Kakao,
sehr lecker schmeckt
auch Zimt.

Zubereitung:

1. Den Backofen auf 180° C vorheizen, Heißluft 160° C, Gas Stufe 2. Die Muffinform gut einfetten oder mit Papierförmchen auslegen.

2. Die Mandelblättchen in einer Pfanne ohne Fett bei mäßiger Hitze anbräunen.

3. Das Mehl zusammen mit der Speisestärke und dem Backpulver in eine Schüssel sieben und beiseite stellen.

4. Die Eier mit dem Zucker und dem Vanillezucker schaumig schlagen, die weiche Butter und den Rum dazugeben und gut unterrühren. Die Mehlmischung hinzufügen und alles zügig zu einem glatten Teig verarbeiten. Zum Schluss die gerösteten Mandelblättchen unterheben (einen Teil davon für die Verzierung zurücklegen).

5. Den Teig in die Vertiefungen der Muffinform füllen, in den Backofen schieben und ca. 20–25 Minuten backen. Nach Ablauf der Backzeit herausnehmen, 5 Minuten in der Form ruhen lassen, danach die Muffins aus der Form lösen und auf einem Kuchengitter gut auskühlen lassen.

6. Die Sahne mit Sahnesteif steif schlagen, in einen Spritzbeutel füllen und jeden Muffin mit vielen kleinen Sahnetupfen verzieren. Dann Kakao darüber stäuben und mit den restlichen gerösteten Mandelblättchen bestreuen.

Kinder*tortinis*

Zutaten für 24 Mini-Muffins

Für den Teig:
260 g Mehl Type 405
1 Päckchen Backpulver
½ TL Natron
1 EL Kakao
1 Ei Größe M
130 g Zucker
250 ml Milch
100 g Butter
60 g Schokoladenraspel

Für die Verzierung:
200 g dunkle
Schokoladenkuvertüre
bunte Zuckerfiguren

Tipp:
Gerade bei diesen
Törtchen sind der Fantasie
beim Dekorieren keine
Grenzen gesetzt. Sehr
hübsch werden diese auch
mit Schokoladenstreuseln,
Liebesperlen, Zuckerblu-
men oder -konfetti. Nach
Belieben kann man auch
verschiedenfarbigen
Zucker- oder Schoko-
ladenguss verwenden.

Zubereitung:

1. Den Backofen auf 200° C vorheizen, Heißluft 175° C, Gas Stufe 2–3. Die Mini-Muffinform gut einfetten oder mit Papierförmchen auslegen.

2. Das Mehl zusammen mit dem Backpulver sowie dem Natron in eine Schüssel sieben, den Kakao darüber sieben und beiseite stellen.

3. Das Ei mit dem Zucker schaumig schlagen, die weiche Butter dazugeben und gut unterrühren. Die Mehlmischung hinzufügen und alles zusammen mit der Milch zügig zu einem glatten Teig verarbeiten. Zum Schluss die Schokoladenraspel unterheben.

4. Den Teig in die Vertiefungen der Muffinform füllen, in den Backofen schieben und ca. 20–25 Minuten backen. Nach Ablauf der Backzeit herausnehmen, 5 Minuten in der Form ruhen lassen, danach die Muffins aus der Form lösen und auf einem Kuchengitter gut auskühlen lassen.

5. Die Schokoladenkuvertüre im warmen Wasserbad schmelzen und die Oberseite der abgekühlten Muffins in die Kuvertüre tauchen. Sobald diese fest zu werden beginnt, die Zuckerfiguren darauf setzen und die Kuvertüre vollständig erkalten lassen.

Eierlikör**törtchen**

Zutaten für 6 Muffins

Für den Teig:
130 g Mehl Type 405
125 g weiche Butter
125 g Zucker
2 Eier Größe M
20 ml Eierlikör

Für die Verzierung:
100 ml süße Sahne
1 Päckchen Bourbon-
Vanillezucker
je 1–2 TL Eierlikör

Tipp:
Selbstverständlich kann der Eierlikör jederzeit durch andere Spirituosen ersetzt werden. Grundsätzlich ist jedoch die Kombination von Sahne und Sahnelikör (Baileys, Babalou, Tiramisu-Likör, Batida) besonders schmackhaft.

Zubereitung:

1. Den Backofen auf 180° C vorheizen, Heißluft 160° C, Gas Stufe 2. Die Muffinform gut einfetten oder mit Papierförmchen auslegen.

2. Das Mehl in eine Schüssel sieben und beiseite stellen.

3. Die Eier mit dem Zucker schaumig schlagen, die Butter und den Eierlikör dazugeben und gut unterrühren. Das Mehl hinzufügen und alles zügig zu einem glatten Teig verarbeiten.

4. Den Teig in die Vertiefungen der Muffinform füllen, in den Backofen schieben und ca. 25–30 Minuten backen. Nach Ablauf der Backzeit herausnehmen, 5 Minuten in der Form ruhen lassen, danach die Muffins aus der Form lösen und auf einem Kuchengitter gut auskühlen lassen.

5. Die Sahne mit Vanillezucker steif schlagen, in einen Spritzbeutel füllen und jeden Muffin mit einem geschlossenen Kranz kleiner Sahnetupfen verzieren. Den Eierlikör in die Mitte träufeln.

Mohn-Nuss-Duo

Zutaten für 6 Muffins

Für den Teig:
150 g Mehl Type 405
30 g gemahlene Haselnüsse
½ Päckchen Backpulver
50 g Mohnback
2 Eier Größe M
125 g Zucker
100 ml Pflanzenöl
25 ml Milch

Für die Verzierung:
100 g Vollmilch-Kuvertüre
100 g weiße Kuvertüre
100 ml süße Sahne
9 ganze Haselnüsse
1–2 EL Mohn

Tipp:
Das Schmelzen von Kuvertüre ist ein heikles Thema. Wer es ganz professionell machen möchte, muss sich ein Zuckerthermometer dazu anschaffen. Die Kuvertüre auf 38 bis max. 46° C erhitzen, danach auf 27–28° C herunterkühlen und erneut auf max. 31–32° C erwärmen.

Zubereitung:

1. Den Backofen auf 180° C vorheizen, Heißluft 160° C, Gas Stufe 2. Die Muffinform gut einfetten oder mit Papierförmchen auslegen.

2. Das Mehl zusammen mit dem Backpulver in eine Schüssel sieben und beiseite stellen.

3. Die Eier mit dem Zucker schaumig schlagen, das Öl und die Milch dazugeben und gut unterrühren. Mit der Mehlmischung zügig zu einem glatten Teig verarbeiten.

4. Den Teig halbieren und eine Hälfte in die Vertiefungen der Muffinform füllen. Den restlichen Teig wiederum halbieren. Eine Hälfte mit dem Mohnback vermischen, die andere Hälfte mit den Haselnüssen. Die Mischungen getrennt auf dem Teig verteilen.

5. Die Muffinform in den Backofen schieben und ca. 30 Minuten backen. Nach Ablauf der Backzeit herausnehmen, 5 Minuten in der Form ruhen lassen, danach die Muffins aus der Form lösen und auf einem Kuchengitter gut auskühlen lassen.

6. Die Kuvertüren getrennt im warmen Wasserbad schmelzen. Die Sahne steif schlagen und in einen Spritzbeutel füllen.

7. Die Mohn-Muffins mit der weißen, die Nuss-Muffins mit der dunklen Kuvertüre bestreichen. Sobald diese fest zu werden beginnt, die weißen Muffins mit Mohn bestreuen, die dunklen mit einem üppigen Sahnering und Haselnüssen verzieren.

Schaum**törtchen**

Zutaten für 6 Muffins

Für den Teig:
110 g Mehl Type 405
25 g Schaumgebäck (Baiser)
1 TL Backpulver
¼ TL Natron
25 ml Milch
2 Eier Größe M
70 g Zucker
50 g Butter
3 TL Kakao

Für die Verzierung:
100 g weiße
Schokoladenkuvertüre
6 Baiserhäubchen
einige Schokoladen-Deko-
Herzen

Tipp:
Wer Baiser selbst machen möchte, schlägt 4 Eiweiß steif, nach und nach 250 g Zucker einrieseln lassen und so lange schlagen, bis sich der Zucker gelöst hat und eine schnittfeste Masse entstanden ist. Mit einem Spritzbeutel beliebige Formen auf ein Backblech spritzen und bei 75° C ca. 3 Stunden im Backofen „trocknen".

Zubereitung:

1. Den Backofen auf 180° C vorheizen, Heißluft 160° C, Gas Stufe 2. Die Muffinform gut einfetten oder mit Papierförmchen auslegen.

2. Das Schaumgebäck auf der Arbeitsfläche mit der flachen Hand zerdrücken und in eine Schüssel geben. Das Mehl zusammen mit dem Backpulver und dem Natron in eine weitere Schüssel sieben, den Kakao dazugeben und beiseite stellen.

3. Die Eier mit dem Zucker schaumig schlagen, die Butter flöckchenweise dazugeben und gut unterrühren. Die Mehlmischung und die Milch dazugeben und alles zügig zu einem glatten Teig verarbeiten. Zum Schluss die Baiserbrösel mit einem Löffel unterheben.

4. Den Teig in die Vertiefungen der Muffinform füllen, in den Backofen schieben und ca. 25 Minuten backen. Nach Ablauf der Backzeit herausnehmen, 5 Minuten in der Form ruhen lassen, danach die Muffins aus der Form lösen und auf einem Kuchengitter gut auskühlen lassen.

5. Die Kuvertüre im warmen Wasserbad schmelzen und die ausgekühlten Muffins damit bestreichen oder mit einem Teelöffel begießen. Je ein Baiserhäubchen darauf setzen und mit den Schokoladenherzen verzieren.

Weihnachts*törtchen*

Zutaten für 6 Muffins

Für den Teig:
130 g Mehl Type 405
70 g gemahlene Haselnüsse
½ Päckchen Backpulver
1 Msp. Natron
1 TL Lebkuchengewürz
50 g Zitronat
1 Ei Größe M
20 g brauner Zucker
50 g Zuckerrübensirup
40 ml Pflanzenöl
100 ml Buttermilch

Für die Verzierung:
200 g Winterkuchenglasur
„Zimt" (z. B. von Lindt)
1 Tube Dekorcreme
weihnachtliche Zuckerfiguren

Tipp:
Viele mögen den „Biss"
von Orangeat oder
Zitronat nicht so gerne.
Bei der Vorgehensweise in
diesem Rezept werden die
kandierten Schalen jedoch
so fein gemahlen, dass
praktisch nur noch das
hervorragende Aroma
übrig bleibt. Diese
Methode eignet sich übri-
gens für jedes beliebige
Rezept.

Zubereitung:

1. Den Backofen auf 180° C vorheizen, Heißluft 160° C, Gas Stufe 2. Die Muffinform gut einfetten oder mit Papierförmchen auslegen.

2. Das Mehl zusammen mit dem Backpulver und dem Natron in eine Schüssel sieben, die Haselnüsse und das Lebkuchengewürz dazugeben und beiseite stellen. Das Zitronat in einer Küchenmaschine fein hacken und ebenfalls dazugeben.

3. Das Ei mit dem Zucker schaumig schlagen, das Öl, den Zuckerrübensirup und die Buttermilch dazugeben und gut unterrühren. Die Mehlmischung hinzufügen und alles zügig zu einem glatten Teig verarbeiten.

4. Den Teig in die Vertiefungen der Muffinform füllen, in den Backofen schieben und ca. 30 Minuten backen. Nach Ablauf der Backzeit herausnehmen, 5 Minuten in der Form ruhen lassen, danach die Muffins aus der Form lösen und auf einem Kuchengitter gut auskühlen lassen.

5. In der Zwischenzeit die Kuchenglasur im warmen Wasserbad schmelzen.

6. Die ausgekühlten Muffins mit der Kuchenglasur rundherum bestreichen und diese fest werden lassen. Zum Schluss jeweils eine Rosette Dekorcreme auf die Muffins spritzen und mit den Zuckerfiguren verzieren.

Schoko-Mandel-**Muffins**

Zutaten für 6 Muffins

Für den Teig:
80 g Mehl Type 405
70 g gemahlene Mandeln
70 g gehackte Mandeln
½ TL Backpulver
1 Msp. Natron
2 Eier Größe M
1 Prise Salz
40 g Zucker
½ Päckchen Vanillezucker
1 TL abgeriebene
Orangenschale
50 g Frischkäse
70 g Butter
1 Schuss Amaretto
etwas süße Sahne

Für die Füllung:
100 g Marzipanrohmasse
3 TL Zucker

Für die Verzierung:
250 g dunkle Kuvertüre
50 g gehobelte Mandeln

Tipp:
Mandeln schmecken nicht nur in Gebäck, sie sind auch sehr gesund. So weist dieser Samenkern mehr Vitamin E (zuständig für den Zellschutz) auf als jede andere Nuss.

Zubereitung:

1. Den Backofen auf 180° C vorheizen, Heißluft 160° C, Gas Stufe 2–3. Die Muffinform gut einfetten oder mit Papierförmchen auslegen.

2. Das Mehl zusammen mit dem Backpulver sowie dem Natron in eine Schüssel sieben, die gemahlenen und gehackten Mandeln dazugeben und beiseite stellen.

3. Die Eier trennen und die Eigelbe mit dem Zucker und dem Vanillezucker schaumig schlagen, die weiche Butter, den Frischkäse und die abgeriebene Orangenschale sowie den Amaretto dazugeben und gut unterrühren. Die Mehlmischung hinzufügen und alles zügig zu einem glatten Teig verarbeiten. Wenn dieser zu fest wird, etwas Sahne hinzufügen. Die Eiweiße mit einer Prise Salz zu steifem Schnee schlagen und vorsichtig unter den Teig heben.

4. Den Teig in die Vertiefungen der Muffinform füllen, in den Backofen schieben und ca. 20–25 Minuten backen. Nach Ablauf der Backzeit herausnehmen, 5 Minuten in der Form ruhen lassen, danach die Muffins aus der Form lösen und auf einem Kuchengitter auskühlen lassen.

5. Die Schokoladenkuvertüre im warmen Wasserbad schmelzen. Die Marzipanrohmasse mit dem Zucker geschmeidig kneten, auf einer mit Puderzucker bestreuten Arbeitsfläche dünn ausrollen und 6 Kreise mit 6 cm Durchmesser ausstechen.

6. Die abgekühlten Muffins quer durchschneiden und mit dem Marzipan belegen. Die Deckel darauf setzen, die Muffins rundherum mit der Schokoladenkuvertüre überziehen und mit den gehobelten Mandeln bestreuen.

Schokostick-**Muffins**

Zutaten für 6 Muffins

Für den Teig:
130 g Mehl Type 405
2 TL Backpulver
1 Msp. Natron
½ EL Kakao
1 Ei Größe M
65 g Zucker
30 ml Pflanzenöl
130 ml Buttermilch

Für die Verzierung:
200 g süße Sahne
1 Päckchen Sahnesteif
6 Schokoladen-Keks-
Stäbchen
1 TL Kakao

Tipp:
Zusätzlich kann man die Muffins rundherum mit Schokoladen- oder bunten Zuckerstreuseln bestreuen.

Zubereitung:

1. Den Backofen auf 180° C vorheizen, Heißluft 160° C, Gas Stufe 2. Die Muffinform gut einfetten oder mit Papierförmchen auslegen.

2. Das Mehl zusammen mit dem Backpulver, dem Natron und dem Kakao in eine Schüssel sieben und beiseite stellen.

3. Das Ei mit dem Zucker schaumig schlagen, das Öl und die Buttermilch dazugeben und gut unterrühren. Die Mehlmischung hinzufügen und alles zügig zu einem glatten Teig verarbeiten.

4. Den Teig in die Vertiefungen der Muffinform füllen, in den Backofen schieben und ca. 25–30 Minuten backen. Nach Ablauf der Backzeit herausnehmen, 5 Minuten in der Form ruhen lassen, danach die Muffins aus der Form lösen und auf einem Kuchengitter gut auskühlen lassen.

5. In der Zwischenzeit die Sahne mit Sahnesteif steif schlagen, den Kakao darüber stäuben und vorsichtig mit einem Rührlöffel unterrühren, sodass sich die Sahne färbt.

6. Die ausgekühlten Muffins mit der Kakaosahne rundherum unregelmäßig mit einem Spatel überziehen. Jeweils einen Klecks Sahne in die Mitte setzen und mit den Schoko-Keks-Stäbchen verzieren.

Schoko-Keks-*Törtchen*

Zutaten für 6 Muffins

Für den Teig:
140 g Mehl Type 405
2 TL Backpulver
1 Msp. Natron
1 Ei Größe M
60 g Zucker
1 Päckchen Vanillinzucker
40 ml Pflanzenöl
100 ml Milch

Für die Verzierung:
200 ml süße Sahne
2 TL Kakao
2 TL Zucker
1 Päckchen Sahnesteif
18 dünne Vollmilch-Schokokekse
18 dünne Edelherb-Schokokekse

Tipp:
Das Rezept lässt sich immer wieder abwandeln, indem man die Kekse variiert.

Zubereitung:

1. Den Backofen auf 190° C vorheizen, Heißluft 175° C, Gas Stufe 2. Die Muffinform gut einfetten oder mit Papierförmchen auslegen.

2. Das Mehl zusammen mit dem Backpulver und dem Natron in eine Schüssel sieben und beiseite stellen.

3. Das Ei mit dem Zucker, dem Vanillinzucker und dem Öl schaumig schlagen, die Milch dazugeben und unterrühren. Die Mehlmischung hinzufügen und alles zügig zu einem glatten Teig verarbeiten.

4. Den Teig in die Vertiefungen der Muffinform füllen, in den Backofen schieben und ca. 20 Minuten backen. Nach Ablauf der Backzeit herausnehmen, 5 Minuten in der Form ruhen lassen, danach die Muffins aus der Form lösen und auf einem Kuchengitter gut auskühlen lassen.

5. Die Sahne mit den Schneebesen des Handrührgerätes zu einer dicklichen Masse anschlagen, das Sahnesteif, den Zucker und den Kakao dazugeben und steif schlagen.

6. Die Muffins mithilfe eines Backspachtels oder eines Messers unregelmäßig mit der Kakaosahne bestreichen. Einen Rest für die Verzierung aufbewahren. Jeweils 15 helle und dunkle Schokokekse halbieren und abwechselnd den Rand damit verzieren.

7. Die übrigen Kekse diagonal halbieren und jeden Muffin mit zwei verschiedenfarbigen Dreiecken besetzen. Jeden Muffin zusätzlich mit einem Sahnetupfen verzieren.

Karotten**törtchen**

Zutaten für 6 Muffins

Für den Teig:
65 g Mehl Type 405
100 g fein geraspelte
Karotten
½ TL Backpulver
¼ TL Natron
15 g gemahlene Mandeln
1 Ei Größe M
50 g Rohrzucker
½ TL Bourbon-Vanillezucker
1 TL Zuckerrübensirup
50 ml Pflanzenöl
20 g Butter

Für die Verzierung:
100 g Puderzucker
3–4 EL Zitronensaft
6 Zucker- oder
Marzipankarotten

Tipp:
Den Guss kann man auch
mit Karottensaft anrühren.
Die kräftig orangene
Farbe macht dem Gebäck
alle Ehre.

Zubereitung:

1. Den Backofen auf 180° C vorheizen, Heißluft 160° C, Gas Stufe 2. Die Muffinform gut einfetten oder mit Papierförmchen auslegen.

2. Das Mehl zusammen mit dem Backpulver und dem Natron in eine Schüssel sieben, die Mandeln darüber geben und beiseite stellen. Die Butter zusammen mit dem Zuckerrübensirup in einem Topf bei schwacher Hitze schmelzen und abkühlen lassen.

3. Das Ei mit dem Zucker und dem Vanillezucker schaumig schlagen, das Öl und die Butter-Sirup-Mischung dazugeben und gut unterrühren. Die Mehlmischung hinzufügen und alles zügig zu einem glatten Teig verarbeiten. Die Karottenraspel mit einem Rührlöffel vorsichtig unterheben.

4. Den Teig in die Vertiefungen der Muffinform füllen, in den Backofen schieben und ca. 25–30 Minuten backen. Nach Ablauf der Backzeit herausnehmen, 5 Minuten in der Form ruhen lassen, danach die Muffins aus der Form lösen und auf einem Kuchengitter gut auskühlen lassen.

5. In der Zwischenzeit den Puderzucker in eine Schüssel sieben und mit dem Zitronensaft zu einem dickflüssigen Guss rühren.

6. Mithilfe eines Teelöffels die ausgekühlten Muffins mit dem Zuckerguss überziehen. Die Zucker- oder Marzipankarotten in den Guss drücken und diesen fest werden lassen.

Kürbis*törtchen*

Zutaten für 6 Muffins

Für den Teig:
155 g Mehl Type 405
1 ½ TL Backpulver
1 TL Lebkuchengewürz
190 g Kürbis-Fruchtfleisch
30 g gehackte Cashewkerne
1 Ei Größe M
80 g brauner Zucker
125 ml Buttermilch
45 g zerlassene Butter

Für die Verzierung:
45 g Puderzucker
40 ml Zuckerrübensirup
6 ganze Cashewkerne

Tipp:
Wer keinen Garten hat, um Kürbisse anzubauen, kann auch auf dem Balkon mit Pflanzkübeln oder -töpfen gute Ergebnisse erzielen. Meistens bleiben die Früchte dann jedoch etwas kleiner.

Zubereitung:

1. Den Backofen auf 180° C vorheizen, Heißluft 160° C, Gas Stufe 2. Die Muffinform gut einfetten oder mit Papierförmchen auslegen.

2. Das Kürbis-Fruchtfleisch grob würfeln und mit wenig Wasser ca. 10–15 Minuten kochen, danach mit einem Pürierstab zu feinem Mus pürieren und erkalten lassen.

3. Das Mehl zusammen mit dem Backpulver in eine Schüssel sieben, das Lebkuchengewürz darüber geben und beiseite stellen.

4. Das Ei mit dem Zucker schaumig schlagen, die Buttermilch und die zerlassene Butter dazugeben und gut unterrühren. Die Mehlmischung hinzufügen und das Ganze zügig zu einem glatten Teig verarbeiten. Zum Schluss das Kürbismus und die gehackten Cashewkerne unterheben.

5. Den Teig in die Vertiefungen der Muffinform füllen, in den Backofen schieben und ca. 20–25 Minuten backen. Nach Ablauf der Backzeit herausnehmen, 5 Minuten in der Form ruhen lassen, danach die Muffins aus der Form lösen und auf einem Kuchengitter gut auskühlen lassen.

6. Aus dem Puderzucker und dem Zuckerrübensirup einen zähflüssigen Guss rühren, auf jeden Muffin einen Klecks davon geben und mit einem Cashewkern besetzen.

Ricotta schwarz-weiß

Zutaten für 12 Muffins

Für den Teig:
280 g Mehl Type 405
1 Päckchen Backpulver
2 Msp. Natron
140 g Zucker
100 g weiche Butter
2 Eier Größe M
300 ml Orangensaft
2 TL Kakao

Für die Füllung:
250 g Ricotta (ital. Frischkäse)
150 ml süße Sahne
1 Spritzer Zitronensaft
40 g Zucker
1 Päckchen Vanillinzucker
½ Päckchen Orangeback
1 Päckchen gemahlene Gelatine

Für die Verzierung:
Pflaumenmarmelade

Tipp:
Ricotta ist ein Frischkäse aus Schafs-, Büffel- oder Kuhmilchmolke. Er wird nicht wie der Quark direkt aus Milch gewonnen, sondern aus der Molke, weshalb er oft auch als Molkekäse bezeichnet wird.

Zubereitung:

1. Den Backofen auf 190° C vorheizen, Heißluft 175° C, Gas Stufe 2–3. Die Muffinform gut einfetten oder mit Papierförmchen auslegen.

2. Das Mehl zusammen mit Backpulver und Natron in eine Schüssel sieben und beiseite stellen.

3. Die Eier mit dem Zucker schaumig schlagen, die Butter und den Orangensaft dazugeben und gut unterrühren. Die Mehlmischung hinzufügen und alles zügig zu einem glatten Teig verarbeiten. Den Teig halbieren und eine Hälfte mit Kakao dunkel färben.

4. Die beiden Teige in die Vertiefungen der Muffinform füllen (je sechs), in den Backofen schieben und ca. 20 bis 25 Minuten backen. Nach Ablauf der Backzeit herausnehmen, 5 Minuten in der Form ruhen lassen, danach die Muffins aus der Form lösen und auf einem Kuchengitter gut auskühlen lassen.

5. Den Ricotta mit Zitronensaft, Zucker und Orangeback verrühren. Die Sahne mit Vanillinzucker steif schlagen und unter den Ricotta heben. Die Gelatine nach Packungsanweisung zubereiten und unter die Creme ziehen. Danach fest werden lassen und in einen Spritzbeutel füllen.

6. Die Muffins einmal quer durchschneiden und die Creme auf die Böden spritzen. Jeweils einen andersfarbigen Deckel darauf setzen und mit einem Klecks Pflaumenmarmelade verzieren.

Pfirsich-*Zupfkuchen*

Zutaten für 6 Muffins

Für den Teig:
150 g Mehl Type 405
1 EL Kakao
50 g Zucker
50 g Butter
1 Ei Größe M

Für die Füllung:
ca. 200 g Pfirsiche aus der Dose (3 Hälften)
100 g Quark (40 %)
½ Päckchen Vanillepudding
1 Päckchen Vanillinzucker
50 g Zucker
1 Ei Größe M

Für die Verzierung:
2 EL Aprikosengelee oder -marmelade

Tipp:
Aprikotisieren, wie die rechts beschriebene Methode auch heißt, ist eine der einfachsten Möglichkeiten, um nahezu jedem Gebäck einen appetitlichen Glanz zu verleihen.

Zubereitung:

1. Den Backofen auf 180° C vorheizen, Heißluft 160° C, Gas Stufe 2. Die Muffinform gut einfetten. Hier können keine Papierförmchen verwendet werden.

2. Aus Mehl, Zucker, Kakao, Butter und Ei einen Mürbteig kneten, in Alufolie wickeln und mindestens 30 Minuten im Kühlschrank ruhen lassen.

3. Die Pfirsiche abwiegen. Jede Hälfte in vier Spalten schneiden. Den Quark mit Zucker, Vanillepudding und Vanillinzucker cremig rühren. Zum Schluss das Ei unterschlagen.

4. Den Teig dünn ausrollen, mit einem runden Gegenstand Kreise ausstechen und diese in die Vertiefungen der Muffinform legen. Darauf achten, dass die Ränder rundherum gleich hoch und geschlossen sind. Den Teig mehrmals mit einer Gabel einstechen. Die übrig gebliebenen Teigreste in kleine Stücke zupfen.

5. In jede Vertiefung zwei Pfirsichspalten legen, mit der Quarkmasse auffüllen und mit kleinen Teigstücken belegen. In den Backofen schieben und ca. 25–35 Minuten backen. Nach Ablauf der Backzeit herausnehmen, 10 Minuten in der Form ruhen lassen, danach die Muffins aus der Form lösen und auf einem Kuchengitter gut auskühlen lassen.

6. Das Aprikosengelee in einem Topf bei mäßiger Hitze schmelzen und die Zupfkuchen damit bestreichen, um ihnen einen schönen Glanz zu geben. Bei Aprikosenmarmelade muss diese nach dem Schmelzen noch durch ein Haarsieb gestrichen werden, um die Fruchtstücke zu entfernen.

Bienenstich**törtchen**

Zutaten für 6 Muffins

Für den Teig:
80 g Mehl Type 405
2 TL Backpulver
40 g Speisequark
20 g Zucker
2 TL Vanillezucker
20 ml Milch
25 ml Pflanzenöl

Für den Belag:
25 g Zucker
40 g Crème fraîche
40 g Mandeln, gehobelt

Für die Füllung:
¼ Päckchen Vanille-
Sahne-Pudding
50 g geröstete
Mandelblättchen

Tipp:
Beim Rösten von Mandeln oder Nüssen am besten gleich eine größere Menge, z. B. den gesamten Inhalt einer Packung, auf Vorrat zubereiten. Damit lassen sich nämlich auch Cornflakes, Müsli oder Jogurts sehr gut verfeinern.

66

Zubereitung:

1. Den Backofen auf 180° C vorheizen, Heißluft 160° C, Gas Stufe 2–3. Die Muffinform gut einfetten. Papierförmchen sind hier nicht geeignet.

2. Das Mehl zusammen mit dem Backpulver in eine Schüssel sieben. Quark, Zucker, Vanillezucker, Öl und Milch hinzufügen und mit den Knethaken des Handrührgerätes rasch zu einem glatten Teig kneten. Eventuell die Hände zu Hilfe nehmen. Den Teig auf einer bemehlten Arbeitsfläche zu einer Rolle formen und in 6 gleich große Stücke teilen.

3. Die Teigstücke in die Vertiefungen der Muffinform drücken. Darauf achten, dass die Oberfläche möglichst flach und glatt ist. Für den Belag den Zucker mit Crème fraîche in einem Topf aufkochen, die Mandeln hinzufügen und kurz umrühren. Diese Masse auf den Teigstücken in der Form verteilen und mit einem Löffel glatt streichen.

4. In den Backofen schieben und ca. 20–25 Minuten backen. Nach Ablauf der Backzeit herausnehmen, 5 Minuten in der Form ruhen lassen, danach die Muffins aus der Form lösen und auf einem Kuchengitter gut auskühlen lassen.

5. Den Vanillepudding nach Packungsanweisung zubereiten und erkalten lassen. In der Zwischenzeit die gehobelten Mandeln für die Verzierung in einer Pfanne ohne Fett leicht anrösten.

6. Die ausgekühlten Muffins einmal quer durchschneiden und die Böden mit dem Vanillepudding bestreichen. Die Deckel darauf setzen und die Ränder mit den gerösteten Mandeln bestreuen.

Mandelpudding-*Muffins*

Zutaten für 6 Muffins

Für den Teig:
130 g Mehl Type 405
½ Päckchen Backpulver
1 Msp. Natron
1 Ei Größe M
70 g Zucker
35 ml Pflanzenöl
135 ml Buttermilch

Für die Füllung:
½ Päckchen Mandelpudding

Für die Verzierung:
50 g weiße
Schokoladenkuvertüre

Tipp:
Wenn man einen einfachen Schokoladenpudding zubereitet, kann man diesen mit gehackten Haselnüssen, Cashew- oder Pinienkernen oder Pecannüssen auch selbst verfeinern.

Zubereitung:

1. Den Backofen auf 180° C vorheizen, Heißluft 160° C, Gas Stufe 2. Die Muffinform gut einfetten oder mit Papierförmchen auslegen.

2. Das Mehl zusammen mit dem Backpulver und dem Natron in eine Schüssel sieben und beiseite stellen. Den Mandelpudding nach Packungsanweisung zubereiten und erkalten lassen.

3. Das Ei mit dem Zucker schaumig schlagen, das Öl und die Buttermilch dazugeben und gut unterrühren. Die Mehlmischung hinzufügen und das Ganze zügig zu einem glatten Teig verarbeiten.

4. Den Teig in die Vertiefungen der Muffinform füllen, in den Backofen schieben und ca. 20–25 Minuten backen. Nach Ablauf der Backzeit herausnehmen, 5 Minuten in der Form ruhen lassen, danach die Muffins aus der Form lösen und auf einem Kuchengitter gut auskühlen lassen.

5. Die weiße Kuvertüre im heißen Wasserbad schmelzen. Aus Pergament- oder Backpapier eine Spritztüte mit kleiner Öffnung rollen.

6. Die abgekühlten Muffins einmal quer durchschneiden und die Böden mit Mandelpudding bestreichen. Die Deckel darauf setzen und mit dem restlichen Pudding überziehen. Die Kuvertüre in das Spritztütchen füllen und zügig im Gittermuster über die Muffins führen.

Süße Cremetörtchen

Zutaten für 6 Muffins

Für den Teig:
75 g Mehl Type 405
25 g Speisestärke
1 TL Backpulver
1 Ei Größe L
60 g Zucker
½ Päckchen Vanillinzucker
50 g Butter

Für die Füllung:
150 ml Cranberry-,
Granatapfel- oder
Erdbeersirup
½ Päckchen Vanillepudding
150 ml Milch
50 g Zucker
75 g Butter

Tipp:
Wem die Zubereitung des Sirups zu aufwändig ist, der kann sich mit Erdbeer- oder Himbeergelee behelfen.

Zubereitung:

1. Den Backofen auf 180° C vorheizen, Heißluft 160° C, Gas Stufe 2. Die Muffinform gut einfetten oder mit Papierförmchen auslegen.

2. Den Fruchtsirup in einem Topf so lange kochen, bis er um die Hälfte einreduziert ist. Danach vom Herd nehmen und erkalten lassen. Den Vanillepudding mit der hier angegebenen Menge an Milch und Zucker nach Packungsanweisung zubereiten. Die Butter für die Füllung auf Zimmertemperatur bringen.

3. Das Mehl zusammen mit dem Backpulver und der Speisestärke in eine Schüssel sieben und beiseite stellen.

4. Das Ei mit Zucker und Vanillinzucker schaumig schlagen, die weiche Butter für den Teig dazugeben und gut unterrühren. Die Mehlmischung hinzufügen und alles zügig zu einem glatten Teig verarbeiten.

5. Den Teig in die Vertiefungen der Muffinform füllen, in den Backofen schieben und ca. 25 Minuten backen. Nach Ablauf der Backzeit herausnehmen, 5 Minuten in der Form ruhen lassen, danach die Muffins aus der Form lösen und auf einem Kuchengitter gut auskühlen lassen.

6. Die Muffins einmal quer durchschneiden und die Böden mit Fruchtsirup bestreichen. Für die Buttercreme die Butter cremig schlagen, den Vanillepudding esslöffelweise dazugeben und unterrühren. In einen Spritzbeutel füllen, auf dem Fruchtsirup verteilen und die Deckel darauf setzen. Jeden Muffin mit einem Cremehäubchen und ein paar Tropfen Sirup verzieren.

Cappuccino**törtchen**

Zutaten für 6 Muffins

Für den Teig:
125 g Mehl Type 405
100 g Frischkäse
1 ½ TL Backpulver
1 Msp. Natron
15 g Instant-Cappuccinopulver
1 Ei Größe M
70 g brauner Zucker
½ Päckchen Vanillinzucker
40 ml Pflanzenöl
150 g Naturjogurt

Für die Füllung:
200 ml süße Sahne
1 Päckchen Sahnesteif
1–2 TL Instant-Cappuccinopulver

Für die Verzierung:
Kakao

Zubereitung:

1. Den Backofen auf 180° C vorheizen, Heißluft 160° C, Gas Stufe 2. Die Muffinform gut einfetten oder mit Papierförmchen auslegen.

2. Das Mehl zusammen mit dem Backpulver und dem Natron in eine Schüssel sieben, das Cappuccinopulver dazugeben und beiseite stellen.

3. Das Ei mit dem Zucker und dem Vanillinzucker schaumig schlagen, das Öl und den Jogurt gut unterrühren. Die Mehlmischung hinzufügen und alles zügig zu einem glatten Teig verarbeiten. Zum Schluss den Frischkäse einrühren.

4. Den Teig in die Vertiefungen der Muffinform füllen, in den Backofen schieben und ca. 25–30 Minuten backen. Nach Ablauf der Backzeit herausnehmen, 5 Minuten in der Form ruhen lassen, danach die Muffins aus der Form lösen und auf einem Kuchengitter gut auskühlen lassen.

5. Die Sahne mit Sahnesteif steif schlagen, das Cappuccinopulver dazugeben, mit einem Rührlöffel unterheben und die Sahne in einen Spritzbeutel füllen.

6. Die abgekühlten Muffins einmal quer durchschneiden und die Böden mit Cappuccinosahne bespritzen. Die Deckel darauf setzen und mit einem großen Sahnetupfen verzieren. Zum Schluss etwas Kakaopulver darüber streuen (siehe Tipp).

Tipp:
Für das Streifenmuster einen Pfannenwender über die Muffins halten und mit Kakao überstäuben. Möglich ist aber auch ein Punktmuster, einfach über einen Schaumlöffel gestäubt.

Erdbeer**torteletts**

Zutaten für 12 Muffins

Für den Teig:
250 g Mehl Type 405
3 EL Zucker
150 g Butter
ca. 50 ml Eiswasser

Für die Füllung:
125 g Zucker
1 Ei Größe M
100 ml süße Sahne
50 ml Zitronensaft
500 g Erdbeeren

Für die Verzierung:
12 ganze Erdbeeren
200 ml süße Sahne
1 Päckchen Sahnesteif

Außerdem:
getrocknete Erbsen zum
Blindbacken
Backpapier

Tipp:
Die Erbsen, die Sie zum Blindbacken verwenden, müssen hinterher nicht weggeworfen werden, denn man kann sie mehrmals für diesen Zweck verwenden.

Zubereitung:

1. Den Backofen auf 200° C vorheizen, Heißluft 175° C, Gas Stufe 2–3. Die Muffinform gut einfetten und aus Backpapier 12 Kreise mit ca. 11 cm Durchmesser ausschneiden.

2. Das Mehl mit Zucker, Butter und etwas Eiswasser zu einem weichen Mürbteig verkneten. In Alufolie wickeln und gut 30 Minuten im Kühlschrank ruhen lassen.

3. Die Erdbeeren waschen, 12 schöne Exemplare mit Grün für die Verzierung beiseite legen, den Rest putzen und in grobe Stücke oder Viertel schneiden.

4. Den Teig ca. 3 mm dünn ausrollen und 12 Kreise mit ca. 11 cm Durchmesser ausstechen. Die Teigkreise in die Vertiefungen der Muffinform legen, die Backpapierkreise darüber legen und mit Erbsen füllen. Im Backofen ca. 5–10 Minuten blind backen, danach die Erbsen und das Backpapier entfernen und weitere 5 Minuten backen.

5. Für die Füllung das Ei mit dem Zucker schaumig schlagen, die Sahne und den Zitronensaft dazugießen und gut verrühren. Die Masse in die Teigförmchen gießen und bei 160° C ca. 20 Minuten stocken lassen. Danach herausnehmen und in der Form abkühlen lassen.

6. Die Torteletts aus der Muffinform lösen und mit den vorbereiteten Erdbeeren füllen. Die Sahne mit Sahnesteif steif schlagen, in einen Spritzbeutel füllen und jedes Tortelett mit einem Sahnehäubchen und einer Erdbeere verzieren.

Orientalische *Nacht*

Zutaten für 6 Muffins

Für den Teig:
150 g Mehl Type 405
100 g Butter
50 g Zucker

Für die Füllung:
70 g Datteln
1 EL Honig
25 g gehackte Cashewkerne
200 g Frischkäse
1 Spritzer Orangensaft

Für die Verzierung:
60 ml süße Sahne
6 ganze, entsteinte Datteln

Tipp:
Viele fragen sich, warum der Mürbteig eigentlich so lange ruhen muss, bevor man ihn weiterverarbeitet. Da ein Mürbteig ohne Flüssigkeit geknetet wird, braucht das Mehl einige Zeit, um so genanntes „Klebereiweiß" zu bilden, das den Teig zusammenhält. Zu kurze Ruhezeit lässt diesen oft bröckelig werden.

Zubereitung:

1. Den Backofen auf 180° C vorheizen, Heißluft 160° C, Gas Stufe 2. Die Muffinform gut einfetten. Auf die Verwendung von Papierförmchen eher verzichten.

2. Die Datteln abwiegen und in kleine Stücke schneiden. In einem Topf den Honig schmelzen, die Datteln und die gehackten Cashewkerne hineingeben und etwas karamellisieren lassen. Unter Rühren den Orangensaft dazugeben, beiseite stellen, auskühlen lassen und zum Schluss den Frischkäse unterrühren.

3. Aus Mehl, Zucker und Butter einen Mürbteig kneten, in Alufolie wickeln und mindestens 30 Minuten im Kühlschrank ruhen lassen.

4. Den Teig dünn ausrollen, mit einem runden Gegenstand Kreise ausstechen und in die Vertiefungen der Muffinform legen. Darauf achten, dass die Ränder rundherum gleich hoch und geschlossen sind. Den Teig mehrmals mit einer Gabel einstechen und mit der Dattel-Frischkäse-Masse füllen.

5. Die Muffinform in den Backofen schieben und ca. 20–25 Minuten backen. Nach Ablauf der Backzeit herausnehmen, 5 Minuten in der Form ruhen lassen, danach die Muffins aus der Form lösen und auf einem Kuchengitter gut auskühlen lassen.

6. Für die Verzierung die Sahne steif schlagen und in einen Spritzbeutel füllen. Die ausgekühlten Muffins mit einem großen Sahnetupfen versehen und jeweils eine ganze Dattel darauf setzen.

Käsekuchen*torteletts*

Zutaten für 6 Muffins

Für den Teig:
120 g Mehl Type 405
75 g Butter
40 g Zucker

Für die Füllung:
225 g Quark (40 %)
1 Päckchen Vanillezucker
20 g Mehl
50 g Zucker
1 Ei
1 Prise Salz

Für die Verzierung:
125 ml süße Sahne
Schoko-Dekor-Blätter

Tipp:
Haben Sie sich auch schon gefragt, warum man Mürbteig einstechen soll? Ganz einfach: Durch das Auskleiden einer Form mit Teig kann darunter Luft eingeschlossen werden. Diese kann dann durch das Einstechen entweichen und das Gebäck wird schön gleichmäßig.

Zubereitung:

1. Den Backofen auf 190° C vorheizen. Umluft auf 175° C, Gas Stufe 2. Die Muffinform gut einfetten. Papierförmchen sind hier nicht geeignet.

2. Das Mehl zusammen mit Butter und Zucker zu einem Mürbteig kneten, diesen in Alufolie wickeln und mindestens 30 Minuten im Kühlschrank ruhen lassen. Danach in sechs gleich große Teile schneiden, mit den Handflächen platt drücken und die Vertiefungen der Muffinform damit rundherum auskleiden. Den Teig mehrmals mit einer Gabel einstechen.

3. Das Ei, den Zucker und den Vanillezucker schaumig schlagen. Den Quark und eine Prise Salz dazugeben, mit dem Mehl bestäuben und zu einer glatten Quarkmasse verarbeiten.

4. Die Quarkmasse in die mit Teig ausgelegten Vertiefungen der Muffinform füllen, in den Backofen schieben und ca. 40 Minuten backen. Nach Ablauf der Backzeit herausnehmen, 10 Minuten in der Form ruhen lassen, danach die Muffins vorsichtig aus der Form lösen und auf einem Kuchengitter gut auskühlen lassen.

5. Die Sahne steif schlagen, in einen Spritzbeutel füllen und jeden Muffin mit einem großen Sahnehäubchen und einem Schoko-Dekor-Blatt verzieren.

Träuble**torteletts**

Zutaten für 6 Muffins

Für den Teig:
150 g Mehl Type 405
70 g Butter
50 g Zucker
1 Prise Salz
1 Ei Größe M

Für die Füllung:
150 g Weintrauben (kernlos)
100 g Schmand
20 g Zucker
1 Päckchen Bourbon-
Vanillezucker
1 Prise Zimt
1 Prise Muskat
2 Eier Größe M

Für die Verzierung:
50 g Zucker
Alufolie
etwas Öl

Achtung:
Sollte der Zucker beim Karamellisieren verbrennen, niemals in das Spülbecken gießen! Das Abflussrohr kann nur noch ausgewechselt werden. Besser den Topf mit viel kochendem Wasser aufgießen, den Karamell darin lösen und dann weggießen.

Zubereitung:

1. Den Backofen auf 185° C vorheizen, Heißluft 165° C, Gas Stufe 2. Die Muffinform gut einfetten. Hier können keine Papierförmchen verwendet werden.

2. Aus Mehl, Zucker, Butter, Ei und der Prise Salz einen Mürbteig kneten, diesen in Alufolie wickeln und mindestens 30 Minuten im Kühlschrank ruhen lassen.

3. Zwischenzeitlich für die Füllung die Eier mit Zucker und Vanillezucker schaumig schlagen, den Schmand, Zimt und Muskat unterrühren.

4. Den Teig dünn ausrollen, mit einem runden Gegenstand Kreise ausstechen und in die Vertiefungen der Muffinform legen. Darauf achten, dass die Ränder rundherum gleich hoch und geschlossen sind. Den Teig mehrmals mit einer Gabel einstechen. 100 g der Trauben in die Form verteilen und mit der Schmandmasse auffüllen.

5. Die Muffinform in den Backofen schieben und ca. 20 Minuten backen, danach die restlichen Trauben in die Füllung drücken und weitere 20 Minuten backen. Nach Ablauf der Backzeit herausnehmen, 5 Minuten in der Form ruhen lassen, danach die Muffins aus der Form lösen und auf einem Kuchengitter gut auskühlen lassen.

6. Für das Zuckernetz Alufolie ausbreiten und mit Öl bestreichen. Den Zucker in einem Topf bei mittlerer Hitze karamellisieren und etwas abkühlen lassen. Eine Gabel hindurchziehen, über die Alufolie halten und von dem herunterfließenden Karamell mit einer Hand Fäden spinnen und über die Törtchen legen.

Kirsch*töpfchen*

Zutaten für 6 Muffins

Für den Teig:
200 g Löffelbiskuits
100 g Butter
4 EL Mehl

Für die Füllung:
150 g entsteinte Schattenmorellen
⅛ l Kirschsaft (vom Abgießen)
1 EL Speisestärke
130 g Quark (40 %)
100 ml süße Sahne
1 EL Crème fraîche
20 g Kokosraspel
25 g Zucker

Für die Verzierung:
100 g dunkle Schokoladenkuvertüre
6 frische Kirschen

Außerdem:
getrocknete Erbsen zum Blindbacken
Backpapier

Tipp:
In Kuvertüre eingetauchte Früchte machen immer etwas her. Es funktioniert natürlich auch mit Erdbeeren, in heller oder dunkler Schokolade.

Zubereitung:

1. Den Backofen auf 180° C vorheizen, Heißluft 160° C, Gas Stufe 2. Die Muffinform gut einfetten. Hier können keine Papierförmchen verwendet werden. Aus dem Backpapier sechs Kreise mit ca. 15 cm Durchmesser ausschneiden.

2. Die Schattenmorellen abgießen, dabei ⅛ l Saft auffangen. Den Kirschsaft in einen Topf geben und aufkochen, mit angerührter Speisestärke binden. Dann die Schattenmorellen unterheben und abkühlen lassen.

3. Die Löffelbiskuits fein zerbröseln und mit Butter und Mehl zu einem Mürbteig kneten. In Alufolie wickeln und mindestens 30 Minuten im Kühlschrank ruhen lassen.

4. Mit dem Teig die Vertiefungen der Muffinform auskleiden. Die Backpapierkreise hineinlegen, mit den Erbsen auffüllen und 20 Minuten backen. Danach aus dem Ofen nehmen, die Erbsen und das Backpapier entfernen und weitere 10 bis 20 Minuten backen. (Die Ränder dürfen gut braun werden.) Nach Ablauf der Backzeit herausnehmen, 10 bis 15 Minuten in der Form auskühlen lassen, vorsichtig herauslösen und auf einem Kuchengitter erkalten lassen.

5. Den Quark mit Zucker und Crème fraîche cremig rühren und die Kokosraspel sowie die steif geschlagene Sahne unterheben. Die Schokoladenkuvertüre im warmen Wasserbad schmelzen, je eine Kirsche zur Hälfte hineintauchen und auf ein Kuchengitter setzen. Die Teigtöpfchen mit den Kirschen füllen, jeweils einen Klecks Quarkcreme darauf geben, einige Tropfen Kirschsaft darüber träufeln und mit einer Schoko-Kirsche verzieren.

Register

© 2005 SAMMÜLLER KREATIV GmbH

Genehmigte Lizenzausgabe
EDITION XXL GmbH
Fränkisch-Crumbach 2005
www.edition-xxl.de

Layout und Satz: Sonja Sammüller
Fotografie: Christian Kargl, München

ISBN 3-89736-097-7